RÈGLEMENTS

DE

L'ACADÉMIE DES BEAUX-ARTS.

RÈGLEMENTS

POUR LES

CONCOURS AUX GRANDS PRIX

DE

L'ACADÈMIE DES BEAUX-ARTS.

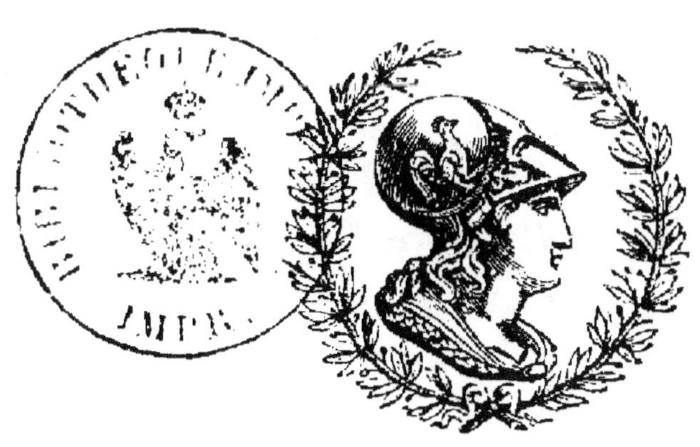

PARIS,

TYPOGRAPHIE DE FIRMIN DIDOT FRÈRES,

IMPRIMEURS DE L'INSTITUT IMPÉRIAL DE FRANCE,

RUE JACOB, 56.

1854.

RÈGLEMENTS

POUR LES

CONCOURS AUX GRANDS PRIX

DE

L'ACADÉMIE DES BEAUX-ARTS.

DISPOSITIONS GÉNÉRALES.

ARTICLE PREMIER.

Il est ouvert, tous les ans, un concours public en peinture, en sculpture, en architecture et en musique.

ART. 2.

Il est ouvert, tous les deux ans, un concours public de gravure en taille-douce.

ART. 3.

Il est ouvert, tous les quatre ans, un concours public pour la gravure en médailles et en pierres fines.

Art. 4.

Il est ouvert, tous les quatre ans, un concours public pour le paysage historique.

Art. 5.

Pour être admis à concourir, il faut être Français ou naturalisé Français, n'avoir pas trente ans accomplis à l'époque fixée pour le premier essai, et être porteur d'un certificat attestant la capacité de l'élève et émané d'un artiste qui, d'après la notoriété publique, se livre à l'enseignement.

Les élèves mariés ne peuvent être admis à concourir.

Art. 6.

Tous les ans, dans le courant de janvier, il sera inséré au *Moniteur* l'annonce des concours qui devront avoir lieu dans l'année, et de l'époque de l'ouverture de chacun de ces concours.

Cette époque, qui est celle du premier essai, dans chaque concours, est fixée de la manière suivante :

Peinture, dernier jeudi d'avril;

Sculpture, second jeudi de mai;

Architecture, dernier vendredi d'avril;

Gravure en taille-douce, troisième lundi d'avril;

Gravure en médailles et pierres fines, deuxième jeudi d'avril;

Paysage historique, avant-dernier jeudi d'avril;

Musique, premier samedi de mai.

ART. 7.

L'Académie des Beaux-Arts choisit, d'après les concours d'essai, et selon le mode ci-après indiqué, les concurrents admis au concours définitif.

ART. 8.

Le tableau des dispositions générales des concours est affiché dans l'École des Beaux-Arts et au Conservatoire de musique, huit jours au moins avant l'ouverture de ces concours.

ART. 9.

Les concours de chaque année sont jugés successivement dans l'ordre déterminé par l'Académie.

ART. 10.

Les ouvrages des concurrents, pour chaque concours définitif, sont exposés publiquement dans les salles de l'École, pendant trois jours consécutifs; et l'avis de cette exposition est préalablement rendu public.

ART. 11.

Le jugement ne doit avoir lieu qu'après cette exposition publique.

ART. 12.

Sont exceptés des dispositions de ces deux derniers articles, les ouvrages de composition musicale.

ART. 13.

§ 1. Les ouvrages qui auront mérité des premiers grands prix ne pourront être retouchés après le jugement, sous quelque prétexte que ce soit.

§ 2. Ceux qui auront obtenu des seconds prix ou des mentions honorables, ne pourront être retouchés avant l'exposition générale des prix.

ART. 14.

Ces ouvrages sont exposés publiquement à la même époque.

ART. 15.

L'Académie des Beaux-Arts, dans sa séance du premier samedi d'octobre, distribue les prix qui auront été remportés dans les concours de l'année.

ART. 16.

§ 1. Les élèves qui ont remporté les premiers grands prix reçoivent un diplôme qui atteste dans quelle section des beaux-arts ils ont remporté le prix; il leur est décerné une couronne et une médaille d'or; ils vont, aux frais de l'État, passer à Rome, ou ailleurs, comme il sera expliqué aux articles 3 et 20 du règlement de l'École de Rome, un nombre d'années déterminé pour chacun des différents arts.

§ 2. Ceux qui remportent les seconds grands prix reçoivent un diplôme, une couronne et une médaille d'or d'une moindre valeur; ils jouissent de l'exemption du service militaire, accordée à tous ceux qui obtiennent les grands prix de l'Institut, en vertu du § 6 de l'article 14 de la loi sur le recrutement de l'armée, ainsi conçu :

« Art. 14. *Seront comptés comme ayant satisfait à la loi sur le recrutement :*

« § 6. *Les jeunes gens ayant remporté les grands prix de l'Institut ou de l'Université.* »

§ 3. Si les juges du concours, après avoir rempli les formalités mentionnées ci-après, décident qu'il y ait lieu de décerner un deuxième second grand prix, l'élève qui l'aura obtenu recevra un diplôme et une médaille d'or d'une valeur comparativement moindre; du reste, il jouira de la même exemption du service militaire, en vertu de l'article ci-dessus mentionné.

ART. 17.

§ 1. Les élèves qui ont remporté un second

grand prix ne peuvent concourir que pour le premier dans le même art.

§ 2. Ceux qui auraient déjà obtenu une mention honorable, ne peuvent également prétendre qu'au second ou au premier grand prix.

Art. 18.

Il sera donné connaissance aux concurrents, avant l'entrée en loges, tant des règlements sur les concours que des obligations imposées à ceux qui remporteront le premier grand prix, relativement au départ pour Rome, afin qu'ils ne puissent, par ignorance de ces dispositions, contracter des engagements qui les mettraient hors d'état de se rendre à Rome dans l'espace du temps prescrit.

Art. 19.

Tous les concurrents reçoivent une indemnité pour frais d'exécution du concours (1).

Cette indemnité sera perdue pour ceux des concurrents qui n'auraient pas rempli les conditions du concours, à moins que l'Académie

---

(1) Cette indemnité est réglée ainsi qu'il suit :

Pour chaque concurrent peintre	150 f.
Pour chaque sculpteur	150
Pour chaque architecte	100
Pour chaque musicien......................	50
Pour chaque graveur en taille-douce..........	100
Pour chaque graveur en médailles et pierres fines.	150
Pour chaque paysagiste.....................	100

ne décide qu'il y a des motifs suffisants d'excuse en faveur de ceux qui seraient dans ce cas.

ART. 20.

Dans le cas où les concurrents auraient commis quelques dégradations dans les loges, cette indemnité pourra leur être retirée.

ART. 21.

Aucun des concurrents ne pourra soustraire son ouvrage au jugement de l'Académie, sous le prétexte qu'il n'est pas assez avancé, ou pour quelque autre cause que ce soit.

ART. 22.

Lorsque tous les jugements sont terminés, le secrétaire perpétuel de l'Académie adresse au ministre un rapport où sont consignés les résultats des concours des grands prix.

ART. 23.

Il est tenu par le secrétaire perpétuel de l'Académie un registre particulier contenant les procès-verbaux de toutes les séances des jugements des concours.

ART. 24.

La surveillance et le maintien de l'ordre à observer dans les concours sont délégués à l'École des Beaux-Arts, qui reste chargée spécialement de tout ce qui la concerne dans l'exécution des règlements relatifs à la surveillance à exercer sur les concurrents.

Art. 25.

Les loges sont fermées les dimanches et fêtes. Aucun jour supplémentaire ne peut être accordé que pour cause majeure, et toujours par une décision de l'Académie, sur un rapport motivé, transmis par l'administration de l'École des Beaux-Arts.

Art. 26.

Si quelque difficulté imprévue entravait l'exécution du règlement, l'administration de l'École, qui a reçu dans ses attributions la haute surveillance des concours, prononcerait provisoirement sur le point en litige, et en référerait immédiatement à l'Académie par un rapport adressé à son président. Celui-ci, après avoir consulté l'Académie, qui appréciera et jugera en dernier ressort, transmettra la décision à l'administration de l'École, pour en effectuer l'exécution immédiate, et l'avis en sera donné à M. le ministre d'État.

Art. 27.

Durant la tenue de ces concours, un extrait des règlements concernant chaque concours est affiché à l'entrée des loges qui y sont affectées.

Toute infraction contre la sincérité des concours pourra entraîner la mise hors du concours.

ART. 28.

Les concurrents sont mis sous la surveillance de l'agent de l'École chargé de faire observer tous les règlements relatifs à la police des concours.

Ils ne doivent introduire dans leur loge aucune personne étrangère à l'École (les modèles reconnus pour tels exceptés), ni s'introduire eux-mêmes dans les loges de leurs camarades, sous peine d'être exclus du concours.

ART. 29.

L'appel des élèves admis à concourir sera fait à huit heures précises du matin. Ceux qui se présenteraient après cet appel terminé ne pourraient plus être reçus.

ART. 30.

Le secrétaire perpétuel de l'École demeure chargé d'assurer l'exécution de ces dispositions.

Il aura toujours, ainsi que l'agent de l'École, le droit d'entrer dans les loges.

CONCOURS DE PEINTURE.

Premier concours d'essai.

ARTICLE PREMIER.

En peinture, le premier concours d'essai se fait invariablement le dernier jeudi d'avril.

ART. 2.

Le jour indiqué pour le premier concours d'essai, les membres de la section de peinture de l'Académie se réunissent, à sept heures du matin, avec les membres du bureau, et procèdent au choix du programme pour le premier concours d'essai, suivant le mode qui sera indiqué plus bas. (Voyez les articles 26, 27, 28, 29, 30 et 31, relatifs au choix du sujet pour le concours définitif.)

ART. 3.

Le programme est lu aux concurrents par le secrétaire perpétuel de l'Académie, qui doit être assisté d'un membre de la section de peinture, n'ayant pas, autant que possible, d'élèves au nombre des concurrents.

ART. 4.

Le sujet de l'esquisse est pris dans la mythologie ou dans l'histoire ancienne, sacrée ou profane.

ART. 5.

La mesure des toiles pour ce premier essai est celle dite de *six*, de 40 centimètres sur 32 centimètres.

ART. 6.

L'esquisse doit être peinte et terminée dans le jour. Toute communication avec le dehors est interdite dès que la dictée du programme a eu lieu. Aucun objet, d'une nature quelconque, ne peut être introduit dans le lieu du concours. Les concurrents prendront à cet égard les précautions qu'ils jugeront nécessaires.

Ils seront placés dans les salles du concours conformément aux dispositions prises à l'article 9 pour le placement des esquisses.

ART. 7.

Les esquisses sont timbrées du timbre de l'Institut le soir même, par un membre de la section de peinture, assisté du secrétaire perpétuel de l'École, après le départ des élèves.

ART. 8.

Les concurrents mettent leur nom au revers de leur esquisse.

ART. 9.

Avant le jugement, les esquisses sont exposées publiquement pendant deux heures dans une des salles de l'École.

Dans l'exposition des esquisses, on suivra d'abord l'ordre des succès académiques, pour les élèves connus à l'École, et l'ordre d'inscription sur le registre de l'École pour tous les autres.

Jugement du premier concours d'essai.

ART. 10.

§ 1. La section de peinture de l'Académie, réunie aux membres du bureau, se rassemble, au jour indiqué, dans le lieu de l'exposition des esquisses, sur lesquelles sont placés les numéros d'ordre de l'exposition.

§ 2. Un classement provisoire des esquisses aura été fait le matin par deux membres de la section, qui seront les plus jeunes suivant l'ordre du tableau.

§ 3. Les membres du bureau prennent part à toutes les discussions; mais ils n'ont de voix délibérative, pour le choix des esquisses, que s'ils font partie de la section.

ART. 11.

Il est procédé, par un scrutin individuel et à la majorité absolue des suffrages, au choix des esquisses qui mériteront à leurs auteurs de passer au second concours d'essai.

Art. 12.

Le nombre des élèves à admettre au second concours d'essai ne pourra excéder vingt.

Art. 13.

Les esquisses admises par ce premier jugement sont déposées au secrétariat de l'École, pour être produites lors du jugement du second concours d'essai, dont elles font essentiellement partie.

Art. 14.

Immédiatement après le jugement, les noms des élèves admis au second concours d'essai sont affichés dans l'École.

Second concours d'essai.

Art. 15.

Le second concours d'essai a toujours lieu dans la quinzaine qui suit le jugement du concours du premier essai.

Art. 16.

Ce concours consiste dans l'exécution d'une figure nue, peinte d'après le modèle vivant, posé par un membre de la section de peinture, n'ayant pas, autant que possible, d'élèves au concours, lequel sera désigné huit jours d'avance dans une séance de l'Académie.

ART. 17.

§ 1. Ce concours a lieu dans une des salles de l'École préparée à cet effet, et disposée de la manière la plus propre à faciliter le travail des concurrents.

§ 2. Les concurrents doivent exécuter leur figure en quatre séances de sept heures chacune (non compris le repos du modèle); ils prendront leurs places suivant leur ordre de réception à ce concours.

ART. 18.

La mesure de la toile, pour la figure peinte, est celle dite de *vingt-cinq*, de 65 centimètres sur 81 centimètres.

Jugement du second concours d'essai.

ART. 19.

Ce second concours est jugé, comme le premier, par la section de peinture de l'Académie, réunie à son bureau, de la manière qui a été indiquée ci-dessus à l'article 10.

ART. 20.

Les mêmes formes de jugement y sont observées, et la majorité absolue des suffrages y est pareillement requise. Les bulletins désignent les ouvrages par les numéros qui leur ont été apposés.

Art. 21.

Le jugement devant porter tout à la fois sur la figure peinte et sur l'esquisse du premier concours, celle-ci doit être réunie à la figure, et toutes deux indiquées par un seul et même numéro.

Art. 22.

Le nombre des élèves admis à concourir ne pourra excéder dix.

Art. 23.

Immédiatement après le jugement, les noms des élèves admis au concours définitif sont affichés dans l'École, ainsi que la désignation du jour fixé pour le concours définitif.

Concours définitif.

Art. 24.

Le concours définitif des grands prix de peinture commence ordinairement dans la semaine qui suit le jugement du concours du second essai.

Art. 25.

Ce concours consiste dans l'exécution d'un

tableau d'histoire, dont la toile, de mesure
dite de *quatre-vingts*, aura 1 mètre 46 cent.
sur 1 mètre 15 cent. L'infraction à cet article
emporterait la mise hors du concours.

Art. 26.

Le jour fixé pour l'ouverture de ce concours, les membres de la section de peinture,
joints à ceux du bureau de l'Académie, se
réunissent, à sept heures du matin, dans la
salle de l'École affectée à cet usage, où ils procèdent au choix du sujet que les concurrents
auront à traiter.

Art. 27.

Chaque membre présent propose un ou
plusieurs sujets du genre qu'on nomme historique, c'est-à-dire pris dans la mythologie, ou
dans l'histoire ancienne, soit sacrée, soit profane.

Art. 28.

Les seuls membres de la section choisissent
ensuite, par la voie du scrutin individuel, et
à la majorité absolue des suffrages, trois des
sujets proposés.

Art. 29.

Si l'un de ces trois sujets, soumis au scrutin, obtient l'unanimité des voix, il devient le
sujet du concours. Dans le cas où cette una-

nimité ne pourrait être obtenue au premier tour de scrutin, ce serait le sort qui désignerait le sujet du concours.

Art. 3o.

Le sujet choisi et rédigé, sans qu'aucun des membres présents ait pu quitter la séance, le secrétaire perpétuel de l'Académie, accompagné de deux commissaires qui n'aient pas, autant que possible, d'élèves parmi les concurrents, en porte sur-le-champ le programme aux concurrents assemblés dans les loges, et leur en fait lecture.

Art. 31.

Ce programme doit être remis à neuf heures du matin, au plus tard. Les membres de la section restent en permanence jusqu'au retour des commissaires, afin d'être en mesure d'opérer, s'il y avait lieu, quelque changement dans la rédaction du programme.

Art. 32.

Après que les concurrents ont reçu chacun une copie du programme et une feuille sur laquelle ils doivent, dans une mesure donnée, tracer distinctement leur esquisse, on leur donne connaissance des règlements qui prescrivent l'ordre et les conditions à observer pour la sûreté et la régularité des concours, et ils entrent de suite dans les loges, qu'ils choisissent selon leur ordre d'admission fixé par le dernier jugement.

Art. 33.

Les concurrents doivent avoir terminé leur esquisse dans l'espace de douze heures. Toute composition qui ne serait pas suffisamment arrêtée pourrait motiver la mise hors du concours.

Art. 34.

Toute communication avec le dehors est interdite, dès que la dictée du programme a eu lieu. Aucun objet d'une nature quelconque ne peut être introduit dans les loges. Les concurrents prendront à cet égard les précautions qu'ils jugeront nécessaires.

Art. 35.

L'esquisse du tableau est, après la douzième heure, reçue par un membre de la section de peinture, accompagné du secrétaire perpétuel de l'École.

Art. 36.

Le membre de la section de peinture désigné par l'Académie signe le calque qui a été signé aussi par l'élève ; l'agent recueille ces calques dans un portefeuille qui est scellé du sceau de l'Académie, et remis à la garde du secrétaire perpétuel de l'École, pour être reproduit, sous sa responsabilité, le jour de l'exposition du concours.

Ces calques doivent être arrêtés de manière à ne laisser aucun doute sur la composition du tableau. Dans le cas contraire, ils pourraient motiver la mise hors du concours, au jugement définitif.

Art. 37.

Les esquisses restent à la disposition des concurrents, sans sortir des loges.

Art. 38.

La durée du concours est de soixantedouze jours de travail, à partir de la séance de la composition de l'esquisse, qui est faite le jour de la dictée du programme.

Art. 39.

Aucun mannequin, mobile ou non, drapé hors des loges, ne peut y être introduit.

L'entrée des modèles de femmes est interdite ; mais il est permis aux concurrents d'apporter des études peintes ou dessinées, lorsqu'il se trouve des figures obligées de femmes dans le sujet du concours. Ces études devront toujours être nues et d'une dimension différente des figures du tableau ; elles seront présentées à l'agent, pour qu'il puisse en prendre note.

Les concurrents ne doivent apporter dans

leurs loges, sous aucun prétexte, ni gravures,
ni tableaux, ni esquisses ou figures peintes,
excepté les études de femmes, ainsi qu'il a
été expliqué précédemment.

Toute infraction aux dispositions du règlement sera déférée à l'Académie et pourra motiver la mise hors du concours.

ART. 40.

Aucun concurrent ne peut soustraire son
ouvrage à l'exposition, sous prétexte qu'il n'est
pas terminé, ou pour quelque autre cause que
ce soit. Tous les ouvrages doivent être exposés, quel qu'en soit le degré d'avancement.
Dans le cas où l'un des concurrents aurait
détruit son travail, il perdrait l'indemnité qui
lui est accordée, et cette contravention à l'ordre établi serait rendue publique, de la manière
que déciderait l'Académie des Beaux-Arts.

ART. 41.

A l'époque déterminée par l'Académie, et
le concours étant clos, les tableaux sont déposés sous le scellé dans un lieu aéré, pour y
sécher jusqu'au jour fixé pour les vernir et
pour préparer l'exposition.

ART. 42.

La pose et la levée du scellé sont effectués,
en présence des concurrents et du membre de

la section de peinture, par le secrétaire perpétuel de l'École.

Art. 43.

La levée du scellé se fait le lundi qui précède l'exposition publique, laquelle commence toujours le mercredi.

Exposition publique.

Art. 44.

Les tableaux, étant vernis, sont exposés, sur le même front, à la hauteur de 1 mètre 60 centimètres.

Art. 45.

L'ordre de réception au concours ne peut être interverti pour le placement de chacun des tableaux, lesquels doivent prendre le jour sur le même angle.

Art. 46.

Les calques sont retirés de dessous le scellé et placés sous verre, au bas de chaque tableau exposé.

Jugement du concours définitif.

Art. 47.

Le jugement définitif aura toujours lieu le dernier samedi de septembre, autant que cela sera possible.

Jugement préparatoire.

Art. 48.

Le jour assigné pour le jugement des grands prix, la section de peinture, présidée par le bureau de l'Académie, s'assemble à onze heures précises du matin, dans les salles de l'exposition, pour soumettre à un jugement préparatoire les ouvrages exposés avec les calques.

Elle fait vérifier, par deux commissaires qu'elle choisit parmi ses membres, n'ayant pas, autant que possible, d'élèves au nombre des concurrents, si tous les élèves ont rempli les conditions du programme, et se sont conformés à leurs esquisses, ainsi qu'aux dimensions exigées par le règlement.

Art. 49.

Sur le rapport de ces commissaires, la section propose d'exclure du concours ou d'y maintenir les concurrents, selon que les ouvrages donnent lieu à quelque reproche de contravention, ou bien en sont exempts.

Art. 5o.

La section décide ensuite, par la voie du scrutin individuel, et jusqu'à ce qu'il s'ensuive une majorité absolue, sans recours au ballottage, à quel numéro doit être accordé le premier grand prix.

ART. 51.

Ce concours est jugé absolument dans les mêmes formes que celles qui sont prescrites aux articles 10 et 19.

ART. 52.

Dans le cas où la majorité absolue des suffrages est acquise à l'un des ouvrages du concours, la section procède ensuite, dans les mêmes formes de scrutin, pour adjuger un second grand prix, puis un deuxième second grand prix, et une ou plusieurs mentions honorables, tant que la majorité négative ne s'y oppose pas.

ART. 53.

L'opinion de la section sur le mérite absolu ou relatif des ouvrages est recueillie et sommairement motivée dans un procès-verbal signé du président et du secrétaire perpétuel de l'Académie. Le chiffre de la majorité sera consigné dans ce procès-verbal, où il sera fait aussi mention du nombre des suffrages qu'auront obtenus les différents ouvrages, ainsi que du nombre des scrutins qui auront eu lieu.

Jugement définitif.

ART. 54.

A une heure après midi, le même jour, l'Académie des Beaux-Arts s'assemble dans le même local.

Art. 55.

L'assemblée formée, le secrétaire perpétuel fait lecture du procès-verbal de la séance tenue par la section, lequel contient son jugement préparatoire et les motifs de ce jugement.

Art. 56.

Le président désigne deux des membres de la section autres que ceux qui auraient été chargés du premier rapport, et n'ayant pas, autant que possible, d'élèves au concours, pour faire un nouveau rapport sur la question de savoir si toutes les conditions du concours et celles du programme ont été fidèlement remplies par tous les concurrents, et si les ouvrages sont conformes aux esquisses.

Art. 57.

D'après ce rapport, l'Académie décide si les concurrents sont maintenus dans le concours, ou si quelqu'un doit en être exclu.

Art. 58.

En conséquence de la décision, le président invite l'Académie à voter immédiatement. Les formes observées lors du jugement préparatoire (voyez l'article 5o) sont exactement suivies pour les opérations de ce jugement, ce qui a lieu par la voie du scrutin individuel, et jusqu'à ce qu'il s'ensuive une majorité absolue des suffrages, sans recours au ballottage, et en posant ainsi la question : *A quel numéro doit être accordé le premier grand prix ?*

ART. 59.

§ 1. Dès que le premier prix est décerné, l'agent de l'École met, sur les ouvrages dont les auteurs ont obtenu un second prix dans les précédents concours, un signe propre à les faire reconnaître.

§ 2. Dans le cas où l'Académie n'aurait pas décerné le premier grand prix, ce premier grand prix est tenu en réserve pour les concours suivants, s'il y a lieu.

ART. 60.

L'Académie décide de la même manière, et par les mêmes formes de scrutin, à quel numéro sera accordé le second grand prix.

ART. 61.

S'il est fait la proposition d'accorder un deuxième second grand prix, et que cette proposition soit appuyée, il sera procédé, pour adjuger ce deuxième second grand prix, par les mêmes formes de scrutin que pour le premier.

Art. 62.

Il sera procédé de la même manière pour
les mentions honorables, après qu'un signe
propre à faire reconnaître ceux des concurrents qui auront déjà obtenu une mention honorable aura été apposé sur les ouvrages.

Art. 63.

Les noms de ceux qui ont remporté les
grands prix sont proclamés à mesure que les
jugements sont rendus.

CONCOURS DE SCULPTURE.

Premier concours d'essai.

ARTICLE PREMIER.

Le concours du premier essai en sculpture
a lieu invariablement le second jeudi de mai.

Art. 2.

Le jour indiqué pour le premier concours
d'essai, les membres de la section de sculpture de l'Académie, joints à ceux du bureau,
se réunissent à sept heures précises du matin,

et procèdent, d'après les formes déterminées aux articles 40, 41 et 42, concernant le choix du sujet du concours définitif, au choix du programme du premier concours d'essai.

Art. 3.

Le sujet de l'esquisse est pris dans la mythologie, ou dans l'histoire ancienne, sacrée ou profane.

Art. 4.

Le programme est dicté aux concurrents par le secrétaire perpétuel de l'Académie, qui doit être assisté d'un membre de la section, n'ayant pas, autant que possible, d'élèves au nombre des concurrents.

Art. 5.

La mesure dans œuvre des fonds pour ce premier essai est de 33 centimètres sur 41 centimètres.

Art. 6.

Les encadrements et les bases doivent être placés à angle droit sur la surface donnée.

Art. 7.

Dans tous les concours de sculpture, les concurrents sont tenus d'employer la même espèce de terre, la terre commune, sous peine de mise hors de concours.

Art. 8.

Toute communication avec le dehors est interdite dès que la dictée du programme a eu lieu. Aucun objet d'une nature quelconque ne peut être introduit dans la salle du concours. Les concurrents prendront à cet égard les précautions qu'ils jugeront nécessaires.

L'esquisse doit être terminée dans la journée.

Art. 9.

Le soir même, après le départ de tous les élèves, les esquisses sont timbrées du timbre de l'Institut par un membre de la section de sculpture, assisté du secrétaire perpétuel de l'École.

Art. 10.

Les concurrents mettent leur nom au revers de leur esquisse. Dans l'exposition des esquisses, on suivra d'abord l'ordre des succès académiques, pour les élèves connus à l'École, et l'ordre d'inscription sur le registre de l'École pour tous les autres.

Art. 11.

Avant le jugement, ces esquisses sont exposées publiquement pendant deux heures, dans une salle de l'École.

Jugement du premier concours d'essai.

ART. 12.

La section de sculpture de l'Académie, réunie aux membres du bureau, s'assemble, au jour indiqué, dans le lieu d'exposition des esquisses, sur lesquelles sont placés les numéros de l'exposition.

ART. 13.

Les membres du bureau prennent part à toutes les discussions; mais ils n'ont voix délibérative que s'ils font partie de la section.

ART. 14.

Deux commissaires choisis, autant que possible, parmi les membres de la section qui n'ont pas d'élèves au concours, font, en présence de la section, un classement provisoire pour faciliter le jugement.

ART. 15.

Il est ensuite procédé au choix des esquisses, au scrutin individuel, et à la majorité absolue des suffrages.

ART. 16.

Le nombre des concurrents à admettre au second concours d'essai ne pourra excéder seize.

3.

ART. 17.

Les esquisses admises par ce premier jugement sont déposées au secrétariat de l'École, pour être produites, lors du jugement du second concours d'essai, dont elles font essentiellement partie.

ART. 18.

Immédiatement après le jugement, les noms des élèves admis au second concours d'essai sont affichés dans l'École.

Second concours d'essai.

ART. 19.

Ce concours a lieu dans la quinzaine qui suit le jugement du premier essai.

ART. 20.

Il consiste dans l'exécution d'une figure nue, modelée d'après le modèle vivant, posé par un membre de la section de sculpture désigné huit jours d'avance par l'Académie.

ART. 21.

Ce concours a lieu dans l'une des salles de l'École disposée à cet effet.

Le rang pour le choix des places est déter-

miné par l'ordre dans lequel les concurrents
ont été admis par le précédent jugement.

ART. 22.

Les concurrents doivent exécuter leur
figure en quatre séances, de sept heures chacune, non compris le repos du modèle.

ART. 23.

La mesure dans œuvre du fond, pour les
figures modelées, est de 55 centimètres sur
82 centimètres, non compris la plinthe.devant
porter la figure.

ART. 24.

Les encadrements et les bases doivent être
placés à angle droit sur le fond.

ART. 25.

Lorsque ce concours est terminé, après le
départ de tous les élèves, les figures sont
timbrées par le membre de la section qui a
posé le modèle, accompagné du secrétaire
perpétuel de l'École.

ART. 26.

Avant le jugement, les figures sont exposées
publiquement pendant deux heures dans une
salle de l'École.

Les figures sont placées suivant l'ordre
d'admission des esquisses.

Jugement du second concours d'essai.

Art. 27.

Ce concours est jugé, comme le premier, suivant la forme prescrite aux articles 12 et 13.

Art. 28.

Les figures sont jugées, comme les esquisses, par la voie du scrutin individuel, et à la majorité absolue des suffrages. Les bulletins désignent les ouvrages par les numéros qui leur ont été apposés.

Art. 29.

Le jugement devant porter tout à la fois sur la figure modelée et sur l'esquisse du premier concours d'essai, celle-ci doit être réunie à la figure, et toutes deux indiquées par un seul et même numéro.

Art. 30.

Le nombre des élèves admis à concourir définitivement pour le grand prix de sculpture ne doit pas excéder huit.

Art. 31.

Immédiatement après le jugement, les noms des élèves admis au concours définitif sont

affichés dans l'École, ainsi que la désignation
du jour fixé pour ce concours.

Concours définitif.

Art. 32.

Le concours définitif des grands prix de
sculpture commence dans la semaine qui suit
le jugement du second essai.

Le choix des loges se fait suivant l'ordre
de réception des élèves au concours.

Art. 33.

Ce concours consiste dans un bas-relief,
ou une figure de ronde bosse.

Art. 34.

Les bas-reliefs seront modelés sur un fond
de 1 mètre 55 centimètres, sur 1 mètre 15
centimètres. Ce fond sera entouré, sur trois
côtés, d'une bordure ayant 22 centimètres de
saillie et 3 centimètres d'épaisseur ; la base,
sur la même saillie, aura 4 centimètres d'é-
paisseur.

Art. 35.

Les bordures sur les bases doivent être
placées à angle droit sur la surface donnée.

Art. 36.

Les figures de ronde bosse auront 1 mètre

15 centimètres de proportion; elles seront vérifiées, à défaut de la longueur totale, sur la mesure proportionnelle des membres. Les concurrents qui ne se conformeraient pas strictement à cette disposition seraient mis hors de concours.

Art. 37.

Les plinthes auront 8 centimètres de hauteur.

Art. 38.

Le jour fixé pour l'ouverture de ce concours, la section de sculpture et les membres du bureau de l'Académie s'assemblent, à sept heures précises du matin, dans la salle de l'École assignée pour cette séance, et procèdent au choix du sujet que les concurrents auront à traiter.

Art. 39.

Avant de procéder au choix du sujet, il est décidé, au scrutin et à la majorité des suffrages, si le sujet sera traité en bas-relief ou en ronde bosse.

Art. 40.

Chaque membre présent propose un ou plusieurs sujets, tirés, soit de la mythologie, soit de l'histoire ancienne, sacrée ou profane.

Art. 41.

Les seuls membres de la section choisissent ensuite, par la voie du scrutin individuel, et à la majorité absolue des suffrages, trois des sujets proposés.

Art. 42.

Si l'un de ces trois sujets, soumis au scrutin, obtient l'unanimité des voix, il devient le sujet du concours. Dans le cas où cette unanimité ne pourrait être obtenue au premier tour de scrutin, ce serait le sort qui désignerait le sujet du concours.

Art. 43.

Le sujet choisi et rédigé, sans qu'aucun des membres présents ait pu quitter la séance, le secrétaire perpétuel de l'Académie, accompagné de deux membres de la section, ne comptant pas, autant que possible, d'élèves parmi les concurrents, en porte sur-le-champ le programme aux concurrents assemblés dans les loges, et leur en fait la lecture.

Art. 44.

Ce programme doit être remis à neuf heures du matin, au plus tard. Les membres de la section restent en permanence jusqu'au retour des commissaires, afin de pouvoir, s'il y avait lieu, opérer quelque changement dans la rédaction du programme.

Art. 45.

Si le programme demande un bas-relief, l'esquisse doit être exécutée sur le fonds dont la mesure est prescrite (art. 5). Si le sujet doit être traité en ronde bosse, l'esquisse de la figure aura 34 centimètres de proportion, sur une plinthe de 3 centimètres.

Art. 46.

Les concurrents doivent avoir terminé leur esquisse dans l'espace d'une journée. Toute esquisse qui ne serait pas suffisamment arrêtée pourrait motiver la mise hors du concours, lors du jugement définitif.

Art. 47.

Après la dictée du programme, les concurrents ne peuvent avoir aucune communication avec le dehors, ni rien introduire dans leurs loges, sous quelque prétexte que ce soit.

Art. 48.

Après le départ de tous les élèves, les esquisses sont reçues par le membre de la section de sculpture déjà désigné, qui n'ait pas, autant que possible, d'élèves au concours, et timbrées par lui, en présence du secrétaire perpétuel de l'École, du timbre de l'Institut, lequel timbre sera pris et rapporté au secrétariat de l'Institut.

Art. 49.

Ces esquisses sont numérotées sur la plinthe par les concurrents, selon l'ordre de leur
réception, et en présence de l'agent de l'É-
cole. Elles sont immédiatement moulées.

Art. 50.

Les épreuves en plâtre de couleur sont enfermées sous le scellé, et confiées à la garde
du secrétaire de l'École, et sous sa responsabilité, pour être reproduites par lui, lors de
l'exposition publique du concours.

Art. 51.

Aucun concurrent ne peut soustraire son
ouvrage à l'exposition, sous prétexte qu'il
n'est pas terminé, ou pour quelque autre cause
que ce soit. Tous les ouvrages doivent être
exposés, quel qu'en soit le degré d'avancement ; dans le cas où l'un des concurrents aurait détruit son travail, il perdrait l'indemnité
qui lui est accordée, et cette contravention
à l'ordre établi serait rendue publique, de la
manière que déciderait l'Académie des Beaux-
Arts.

Art. 52.

Les concurrents ne peuvent introduire dans
les loges que des plâtres moulés sur nature.
Il leur est interdit d'introduire des gravures.

des dessins et des calques. Toute contravention à cet article pourrait motiver la mise
hors du concours.

Art. 53.

L'entrée des modèles de femme est interdite; mais il est permis aux concurrents d'apporter des études en plâtre, lorsqu'il se trouve
des figures obligées de femmes dans le sujet
du concours. Ces études devront toujours
être nues et d'une dimension différente de
celle des figures du bas-relief.

Art. 54.

Aucun mannequin, mobile ou non, drapé
hors des loges, n'y peut être introduit.

Toute infraction aux dispositions du règlement sera déférée à l'Académie et pourra
motiver la mise hors du concours.

Art. 55.

La durée du concours est de soixante-douze
jours de travail, les dimanches et fêtes dé-
duits, y compris le jour de la dictée du programme.

Art. 56.

Les soixante-douze jours étant expirés, et
la clôture ayant eu lieu, le lundi soir qui précède l'exposition publique, le lendemain,
mardi, s'effectue, en présence des élèves, le

transport des ouvrages dans la salle d'exposition.

Art. 57.

Pendant le placement successif des bas-reliefs ou des figures de ronde bosse, aucun travail n'est permis dans les loges ou dans la salle d'exposition.

Art. 58.

Lorsque tous les ouvrages sont placés, il est accordé aux concurrents deux heures de travail dans la salle d'exposition, seulement pour réparer les accidents qui ont pu avoir lieu par suite du transport.

Art. 59.

Aucune personne, autre que les concurrents, les surveillants du concours et les hommes de service, ne peut être admise dans la salle d'exposition, pendant le placement des ouvrages du concours, et pendant les deux heures de travail accordées; les modèles en sont formellement exclus.

Exposition publique.

Art. 60.

Les travaux des concurrents sont exposés sur le même front, à la hauteur d'un mètre.

Art. 61.

L'ordre de réception au concours ne peut être interverti pour le placement de chaque bas-relief ou figure ; tous les ouvrages doivent prendre le jour sur le même angle.

Art. 62.

Les figures de ronde bosse, placées sur des selles tournantes, ou bien les bas-reliefs, seront isolés de manière que, le jour du jugement, les juges puissent circuler entre chaque ouvrage.

Art. 63.

Les figures de ronde bosse seront exposées entre deux barrières, pour que, pendant l'exposition, le public puisse les voir sous tous les aspects.

Art. 64.

Les esquisses des concurrents sont exposées publiquement, et dès le premier jour.

Jugement du concours définitif.

Art. 65.

Le jugement du concours définitif a toujours lieu le second samedi après le deuxième jour de septembre.

Jugement préparatoire.

Art. 66.

Le jour assigné pour le jugement des grands prix, la section de sculpture, présidée par le bureau de l'Académie, s'assemble à onze heures précises du matin dans la salle d'exposition, pour porter un jugement préparatoire sur les ouvrages exposés avec les esquisses.

Art. 67.

Les membres du bureau prennent part à toutes les discussions, mais dans la forme établie aux articles 13 et 41.

Art. 68.

Deux commissaires, choisis, autant que possible, parmi les membres de la section qui n'ont pas d'élèves au concours, vérifient si tous les concurrents se sont conformés à leurs esquisses et aux dimensions exigées par le règlement.

Art. 69.

Sur le rapport de ces commissaires, la section propose d'exclure du concours ou d'y maintenir les concurrents, suivant qu'ils auront observé les règlements ou qu'ils y auront manqué.

4.

Art. 70.

La section décide ensuite , par la voie du scrutin, et à la majorité absolue des suffrages, à quel ouvrage elle décerne le premier grand prix. Elle procède de même pour le second prix.

Art. 71.

Si la section pense qu'il y a lieu à décerner un deuxième second grand prix, ou quelque mention honorable , elle décide ces questions de la même manière.

Art. 72.

L'opinion de la section sur le mérite des ouvrages est recueillie et sommairement motivée dans un procès-verbal , signé du président et du secrétaire perpétuel de l'Académie. Le chiffre de majorité sera consigné dans le procès-verbal. Il y sera fait aussi mention du nombre des suffrages qu'auront obtenus les différents ouvrages, ainsi que du nombre des scrutins qui auront eu lieu.

Jugement définitif.

Art. 73.

A une heure après midi, le même jour, l'Académie des Beaux-Arts s'assemble dans le même local.

Art. 74.

Après que le secrétaire perpétuel a donné lecture du procès-verbal de la séance du jugement préparatoire, le président charge deux commissaires, choisis, autant que possible, parmi les membres qui n'ont pas d'élèves au concours, et autres que les commissaires de la séance du jugement préparatoire, autant que cela se pourra, de vérifier si les ouvrages sont conformes aux esquisses et aux dimensions prescrites par le règlement.

Art. 75.

D'après ce rapport, et à raison des observations auxquelles il peut donner lieu, l'Académie décide si quelqu'un des concurrents doit être mis hors de concours.

Art. 76.

En conséquence de la décision, le président invite l'Académie à voter immédiatement. Les formes observées lors du jugement préparatoire (voyez l'art. 70) sont exactement suivies pour les opérations de ce jugement, ce qui a lieu par la voie du scrutin individuel, et jusqu'à ce qu'il s'ensuive une majorité absolue des suffrages, sans recours au ballottage, et en posant ainsi la question : *A quel numéro doit être accordé le premier grand prix?*

Art. 77.

Dès que ce premier grand prix est décerné, l'agent de l'École met un signe propre à faire reconnaître les ouvrages qui ont pu obtenir, aux précédents concours, un second prix.

Art. 78.

Dans le cas où le premier grand prix ne serait pas accordé, il serait tenu en réserve pour les concours suivants.

Art. 79.

Il est procédé de même pour le jugement du second grand prix.

Art. 80.

S'il est fait la proposition d'accorder un deuxième second grand prix ou une mention tion honorable, et que cette proposition soit appuyée, il sera procédé, pour adjuger le deuxième second grand prix et la mention honorable, par les mêmes formes de scrutin.

Art. 81.

Les noms des concurrents qui ont remporté les prix sont proclamés à mesure que les jugements sont rendus.

CONCOURS D'ARCHITECTURE.

ARTICLE PREMIER.

Il y a deux concours pour les grands prix annuels d'architecture : le premier appelé *concours d'essai*, le second, *concours définitif*.

Le premier de ces concours a lieu invariablement le dernier vendredi d'avril.

ART. 2.

Tous les élèves et étudiants en architecture sont admis au concours d'essai, pourvu qu'ils remplissent d'ailleurs les conditions prescrites à l'art. 5 des Dispositions générales, et qu'ils justifient d'études faites dans l'une des écoles publiques d'architecture constituées par l'État, et de succès obtenus dans les différentes branches de cet art, telles que les mathématiques, la géométrie descriptive et la construction ; succès qui devront être constatés au moyen de certificats délivrés par les professeurs desdites écoles, et dûment légalisés par les autorités locales, et adressés au secrétaire de l'Académie des Beaux-Arts.

Concours d'essai.

ART. 3.

Le but de ce concours d'essai étant d'éprouver les forces des élèves, et de faire connaître ceux qui ont fait preuve, dans tout ce qui tient à la partie scientifique de l'art, d'études suffisantes pour être admis au concours définitif, dont l'objet est spécialement consacré à l'art lui-même, sont exemptés du concours d'essai ceux qui auront précédemment fourni ces preuves de leur capacité, savoir :

1° Les élèves qui auront déjà remporté un second grand prix ;

2° Ceux qui auront déjà obtenu d'être admis en loge, et s'ils ont rendu en grand le projet sur lequel ils ont été admis ;

3° Ceux qui, dans le concours d'émulation de l'École de Paris, auront obtenu une médaille sur projet rendu.

Art. 4.

Le concours d'essai consiste dans la composition d'un projet dont l'esquisse, arrêtée à l'encre, doit être terminée, sans désemparer, dans la journée, et remise à l'un des membres de la section d'architecture de l'Académie, désigné par elle à cet effet, qui les timbre, du timbre de l'Institut, à onze heures du soir, au plus tard.

Art. 5.

Le jour indiqué pour le concours d'essai, la section d'architecture, réunie aux membres du bureau de l'Académie, se rassemble à sept heures du matin dans une des salles de l'École, et procède au choix du programme, comme il va être dit à l'art. 7, pour le concours définitif.

Les calques sont inadmissibles.

Jugement du concours d'essai.

Art. 6.

Le lendemain matin, les esquisses sont exposées publiquement pendant deux heures, dans la salle de l'École, par l'agent de l'École, en présence du membre de l'Académie désigné plus haut, et, après cette exposition, ces esquisses sont marquées chacune d'un numéro.

Le même jour, à une heure précise, la section d'architecture de l'Académie des Beaux-Arts, réunie au bureau de cette Académie, s'assemble, sous sa présidence, dans la salle d'exposition, et choisit au scrutin les meilleures de ces esquisses jusqu'au nombre nécessaire pour, y compris celui des élèves exempts du concours d'essai (d'après l'art. 3 ci-dessus), compléter le nombre de *trente*, qui est celui des élèves admissibles au concours définitif.

Les membres du bureau prennent part à toutes les discussions; mais ils n'ont de voix délibérative, pour le choix des esquisses, que s'ils font partie de la section.

Concours définitif.

Art. 7.

Le jour indiqué pour le concours définitif,

la section d'architecture , réunie aux membres du bureau de l'Académie, se rassemble à sept heures du matin, sous sa présidence, dans une des salles de l'École, pour donner le programme du grand prix. Les seuls membres de la section proposent un ou plusieurs sujets, dont on forme une liste, sur laquelle trois sujets sont choisis par la voie du scrutin, et à la majorité absolue des voix des membres de la section seulement.

Si l'un de ces trois sujets, soumis au scrutin, obtient l'unanimité des voix , il devient le sujet du concours. Dans le cas où cette unanimité ne pourrait être obtenue au premier tour de scrutin, ce serait le sort qui désignerait le sujet du concours, et, de suite , il est procédé à la discussion et à la rédaction définitive du programme. Cette rédaction étant arrêtée, sans qu'aucun des membres présents ait pu quitter la séance, le secrétaire perpétuel de l'Académie, accompagné de deux commissaires (dont l'un est l'auteur du programme), porte sur-le-champ ce programme aux concurrents assemblés dans le lieu du concours, et leur en fait la lecture.

Ce programme doit être remis à neuf heures du matin, au plus tard , et rester exposé dans la salle du concours.

Art. 8.

Au moment de l'entrée du secrétaire per·

pétuel et des deux commissaires dans le lieu du concours, où les concurrents sont assemblés, les portes en sont fermées, et, dès ce moment, les concurrents ne doivent avoir aucune communication avec le dehors. Aucun objet d'une nature quelconque ne pourra être introduit dans le même lieu. Les concurrents prendront à cet égard les précautions qu'ils jugeront nécessaires.

ART. 9.

Les membres de la section restent en permanence jusqu'au retour des commissaires, afin d'être en état d'opérer quelque changement dans la rédaction du programme, s'il y avait lieu.

ART. 10.

Les esquisses faites d'après le programme choisi doivent être arrêtées à l'encre d'une manière invariable. Le concours terminé, ces esquisses sont remises au membre de la section d'architecture désigné plus haut, qui les timbre du timbre de l'Institut; elles doivent toutes être rendues et consignées le lendemain à sept heures précises du matin.

Les calques sont inadmissibles.

A neuf heures, les esquisses, avec le programme, sont exposées publiquement par l'agent de l'École, en présence du membre de la section d'architecture désigné à cet effet et

5

du secrétaire perpétuel de l'École. Cette exposition est publique et dure deux heures.

Ces esquisses ne sont numérotées qu'après l'exposition.

ART. 11.

A une heure du même jour, la section d'architecture, réunie aux membres du bureau, s'assemble dans la salle d'exposition. Deux commissaires, choisis, autant qu'il se peut, parmi les membres de la section qui n'ont point d'élèves au concours, examinent les esquisses pour vérifier si elles sont conformes aux mesures et aux conditions prescrites par le programme, et en font l'objet d'un rapport.

D'après ce rapport, la section juge s'il y a lieu d'exclure quelque esquisse du concours.

ART. 12.

Le secrétaire perpétuel fait ensuite lecture du programme ; puis le président pose cette question : *Y a-t-il lieu d'admettre des concurrents à concourir pour le grand prix ?* Cette question étant résolue par l'affirmative, il est procédé successivement au scrutin individuel et à la majorité absolue des suffrages recueillis entre les seuls membres de la section, sans ballottage, et par voie d'élimination, au choix des meilleures esquisses. Ces esquisses devront être revêtues d'un sceau jusqu'au moment où les concurrents seront admis à en prendre des calques.

Art. 13.

Le nombre des concurrents à réserver sur leurs esquisses est de huit au plus.

Art. 14.

En vertu de ce jugement, les seuls concurrents admis sont réunis le surlendemain, de dix heures du matin à quatre heures de l'après-midi, dans une salle de l'École, où, en présence du membre de la section, chacun d'eux prend un calque *au crayon* de son esquisse, pour l'exécution en grand de son projet. Aucun d'eux ne peut calquer à l'encre, ni séparément de ses concurrents.

Art. 15.

Immédiatement après l'opération des calques, les esquisses originales admises à concourir sont timbrées de nouveau par le membre de la section, réunies en une boîte fermée à clef et scellée du sceau de l'Institut. Cette boîte est remise avec la clef à la garde du secrétaire perpétuel de l'École. Ce même jour, il est fait lecture aux concurrents réunis des règlements qui prescrivent l'ordre et les conditions à observer pour la régularité du concours.

Art. 16.

Les loges destinées à recevoir les concurrents sont tirées au sort entre eux.

ART. 17.

Les concurrents sont tenus de dessiner dans leur loge, non-seulement leurs projets au net, mais encore les études de ces projets, qu'il est expressément défendu d'apporter du dehors.

Toute infraction aux dispositions du règlement sera déférée à l'Académie, et pourra motiver la mise hors du concours.

A cet effet, tous les papiers destinés, soit *aux études,* soit *aux dessins* au net, seront exactement visés et contre-signés sur les collures par le membre de la section, auquel les dessins au net seront remis aussitôt qu'ils seront terminés.

Jugement du concours définitif.

ART. 18.

Le jour fixé pour la remise des projets mis au net, l'agent fera exposer (sans noms, lettres, ni numéros) les projets rendus et les esquisses originales qui y correspondent, dans la salle de l'École, en sorte qu'ils puissent être vus trois jours par le public. Les places numérotées d'abord seront tirées au sort entre les concurrents.

Aucun dessin, autre que ceux qui sont demandés par le programme, n'est admis à l'exposition.

Jugement préparatoire.

ART. 19.

Au jour désigné pour le jugement, la section d'architecture, réunie aux membres du bureau de l'Académie, s'assemble, à onze heures du matin, dans la salle d'exposition, pour procéder au jugement préparatoire des projets exposés.

Les ouvrages seront distingués par numéros, sans aucune indication de noms.

Deux commissaires, pris, autant que possible, parmi les membres de la section qui n'aient pas d'élèves au concours, sont chargés de vérifier si les concurrents se sont conformés à toutes les conditions du concours, ainsi qu'aux données du programme, et si les projets rendus sont pareillement conformes à leurs esquisses.

Est mis hors de concours tout projet qui ne serait pas lavé ou terminé entièrement, au trait, à l'encre.

Sur le rapport de ces commissaires, la section propose d'exclure du concours les projets qui n'ont pas satisfait aux conditions ci-dessus indiquées.

Ensuite, il est décidé, par la voie du scrutin, à la majorité absolue des suffrages des membres de la section seulement, à quel projet elle est d'avis que le premier grand prix soit décerné.

5.

ART. 20.

La section décide de la même manière, et par les mêmes formes de scrutin, à quel numéro sera accordé le second grand prix.

S'il est fait la proposition d'accorder un deuxième second grand prix ou une mention honorable, et que cette proposition soit appuyée, il sera procédé, pour adjuger le deuxième second grand prix et la mention honorable, par les mêmes formes de scrutin.

L'opinion de la section sur le mérite des ouvrages est motivée dans un procès-verbal signé du président et du secrétaire perpétuel de l'Académie. Le chiffre de la majorité sera consigné dans ce procès-verbal, où il sera aussi fait mention du nombre des suffrages qu'auront obtenus les différents ouvrages, ainsi que du nombre des scrutins qui auront eu lieu.

Jugement définitif.

ART. 21.

À une heure de l'après-midi du même jour, l'Académie des Beaux-Arts s'assemble dans le même local.

L'assemblée formée, le secrétaire perpétuel fait lecture du programme, puis du procès-verbal de la séance du jugement préparatoire, lequel contient le résultat et les motifs de ce jugement.

Ensuite, le président désigne deux commissaires, pris, autant que possible, parmi les membres de la section qui n'aient pas d'élèves au concours, et autres que les premiers, pour faire un rapport sur la question de savoir si toutes les conditions du concours et du programme ont été fidèlement remplies par tous les concurrents, et si les projets rendus sont conformes aux esquisses.

D'après ce rapport, l'Académie décide si tous les concurrents sont maintenus au concours, ou si quelqu'un d'entre eux en sera exclu.

L'Académie procède ensuite par la voie du scrutin, et à la majorité absolue des suffrages, sans recours au ballottage, au choix du projet qui mérite le premier grand prix. Les bulletins portent le numéro de l'ouvrage.

ART. 22.

Dès que le premier grand prix a été décerné, l'agent de l'École place, sur les ouvrages dont les auteurs ont obtenu déjà un second prix, un signe propre à les faire reconnaître.

Dans le cas où le premier grand prix ne serait pas décerné, il serait tenu en réserve pour les concours suivants.

ART. 23.

L'Académie procède dans les mêmes formes de scrutin pour décerner, s'il y a lieu, le second grand prix.

S'il est fait par un membre de l'Académie

la proposition d'accorder, soit un deuxième
second grand prix, soit quelque mention honorable, et que cette proposition soit appuyée,
il est procédé à une décision dans les mêmes
formes de scrutin.

Art. 24.

Les noms des élèves qui ont remporté les
grands prix et les mentions honorables sont
proclamés à mesure des jugements rendus, et
consignés aux procès-verbaux de l'Académie.

CONCOURS DE PAYSAGE HISTORIQUE.

ARTICLE PREMIER.

Le concours de paysage historique a lieu
de quatre ans en quatre ans. L'ouverture en
est invariablement fixée à l'avant-dernier
jeudi d'avril.

Art. 2.

Le prix et les avantages attachés à ce concours sont en tout les mêmes que pour le
concours de peinture historique, si ce n'est
que la durée de la pension n'est que de quatre
ans.

Art. 3.

Le sujet du concours de paysage est constamment du genre noble et historique.

Art. 4.

Le sujet est donné aux concurrents par la section de peinture réunie aux membres du bureau, et dans les formes établies pour le concours de peinture historique.

Art. 5.

L'annonce de ce concours sera rendue publique à deux reprises, savoir : une première fois dans le courant de janvier de l'année où ce concours doit avoir lieu, et une seconde fois, un mois avant l'ouverture même du concours.

Art. 6.

L'admission au concours de paysage historique est précédée de deux concours d'essai.

Premier concours d'essai.

Art. 7.

Le premier concours d'essai consiste en une esquisse de paysage historique peinte, faite dans une journée. Le sujet en est donné le matin par la section de peinture, réunie aux membres du bureau, dans les formes déterminées aux articles 2 et suivants des règlements du concours pour les grands prix de peinture historique.

La mesure de la toile pour cette esquisse est celle dite de *huit,* ou de 0,38, sur 0,46.

Jugement du premier concours d'essai.

ART. 8.

La section de peinture, réunie aux membres du bureau, fait, selon les formes établies pour le concours de peinture historique, le choix de ceux des concurrents qui seront admis au second concours d'essai. Les concurrents ne pourront excéder le nombre de seize.

Second concours d'essai.

ART. 9.

§ 1. Ce concours est composé de trois épreuves et dure dix jours ; il a lieu, ainsi que le précédent, dans les loges choisies par les concurrents, selon leur rang d'admission, sous la surveillance de l'agent, qui doit empêcher qu'il ne soit apporté de l'extérieur aucune étude.

§ 2. Les dix jours de ce concours seront distribués de manière qu'il en soit employé *six* pour la peinture de l'arbre, *trois* pour la figure peinte, et *un* pour le dessin perspectif.

§ 3. L'espèce de l'arbre et le sujet des figures qui l'accompagneront seront déterminés le matin du jour de l'ouverture du concours, par la section de peinture, d'après un certain nombre de sujets proposés par elle et tirés au sort.

Cet arbre devra se détacher sur le ciel.

La mesure de la toile est celle dite de *quarante*, c'est-à-dire, de 1 mèt. sur 81 cent. Les figures auront au moins 12 cent. de proportion.

§ 4. Le premier jour de ce concours, les concurrents seront tenus de laisser un calque de leur composition, qui, après avoir été timbré par le membre de l'Académie désigné à cet effet, demeurera sous le sceau de l'Académie, pour être reproduit lors du jugement du concours définitif. Ce calque sera fait sur un papier fourni par l'École. Il devra représenter exactement la composition de l'arbre et des figures qui l'accompagnent ; il n'est point permis d'y rien changer.

Art. 10.

Les concurrents seront tenus, de plus, d'exécuter une figure nue, peinte d'après nature, de la dimension de 42 centimètres, sur une toile dite de *dix*. Ce concours aura lieu en commun, en trois séances de sept heures chacune, non compris le temps de repos du modèle.

Art. 11.

Les concurrents auront en outre à faire preuve de connaissances en perspective, en exécutant dans un jour un dessin perspectif sur un programme donné le matin par un membre de la section de peinture que l'Académie aura désigné d'avance. Ce dessin sera fait sur une demi-feuille de papier grand aigle.

Jugement du second concours d'essai.

ART. 12.

Au jour indiqué, la section de peinture s'assemble, avec les membres et sous la présidence du bureau de l'Académie, dans le local d'exposition des ouvrages, et fait, dans les formes prescrites pour les concours de peinture historique, articles 19 et 20, le choix de ceux des concurrents qui doivent être admis au concours définitif.

ART. 13.

Huit concurrents au plus peuvent être admis au concours définitif.

Concours définitif.

ART. 14.

Le jour indiqué pour l'ouverture de ce concours, la section de peinture s'assemble, avec les membres et sous la présidence du bureau de l'Académie, à sept heures précises du matin, dans une des salles de l'École.

ART. 15.

Il est procédé au choix du sujet de paysage historique de la même manière et avec les mêmes formes de scrutin que pour le concours du grand prix de peinture historique. (Voy. les articles 27, 28, 29 et 30.)

Art. 16.

La mesure du tableau, le temps donné pour l'exécuter, les règlements de surveillance intérieure, sont en tout les mêmes que pour le concours de peinture historique.

Art. 17.

Les concurrents doivent donner un calque qui représente clairement toutes les lignes de composition de leur paysage et des figures qui l'accompagneront; il ne leur est point permis d'y rien changer.

Le membre de la section de peinture désigné par l'Académie signe le calque qui a été signé aussi par l'élève; l'agent recueille ces calques dans un portefeuille qui est scellé du sceau de l'Académie et remis à la garde du secrétaire perpétuel de l'École, pour être reproduit, sous sa responsabilité, le jour de l'exposition du concours.

Ces calques doivent être arrêtés de manière à ne laisser aucun doute sur la composition du tableau. Dans le cas contraire, ils pourraient motiver la mise hors du concours au jugement définitif.

Les esquisses restent à la disposition des

concurrents, sans qu'ils puissent les emporter hors des loges.

ART. 18.

Aucun tableau, aucune étude, aucune estampe, ne doivent être apportés dans les loges. Il est pourtant permis aux concurrents d'introduire des études de femmes ou d'animaux, mais d'une grandeur double au moins de celle des figures du tableau.

ART. 19.

Les figures devront avoir 12 cent. au moins et 24 cent. au plus de proportion.

ART. 20.

Le présent règlement sera lu aux concurrents à leur entrée en loge.

Toute infraction aux dispositions du règlement sera déférée à l'Académie et pourra motiver la mise hors du concours.

Jugement préparatoire.

ART. 21.

Au jour indiqué pour le jugement du concours définitif, la section de peinture se rassemble, avec les membres et sous la présidence du bureau de l'Académie, à onze heures du matin, dans la salle d'exposition de l'École des Beaux-Arts, pour soumettre à un jugement préparatoire les tableaux exposés avec les calques. Elle fait vérifier par deux commissaires qu'elle choisit parmi ses membres, n'ayant pas, autant que possible, d'élèves au nombre des concurrents, si tous ces concurrents ont rempli les conditions du programme, et se sont conformés à leurs esquisses, ainsi qu'aux dimensions exigées par le règlement.

Art. 22.

Sur le rapport de ces commissaires, la section propose d'exclure du concours ou d'y maintenir les concurrents, selon que les ouvrages donnent lieu à quelque reproche de contravention, ou bien en sont exempts.

Art. 23.

La section décide ensuite, par la voie du scrutin individuel, et jusqu'à ce qu'il s'ensuive une majorité absolue, sans recours au ballottage, à quel numéro doit être accordé le premier grand prix.

Art. 24.

Le concours est jugé absolument dans les mêmes formes que celles prescrites aux articles 10, 19 et 51 des règlements des concours pour les grands prix de peinture.

Art. 25.

Si, en conséquence de ce scrutin, la majorité absolue des suffrages est acquise à l'un des ouvrages du concours, la section procède ensuite dans les mêmes formes pour adjuger un second grand prix, et, s'il y a lieu, un deuxième second grand prix et des mentions honorables.

Art. 26.

L'opinion de la section sur le mérite des ouvrages est motivée dans un procès-verbal signé du président et du secrétaire perpétuel de l'Académie. Le chiffre de la majorité sera consigné dans ce procès-verbal. Il y sera aussi fait mention du nombre des suffrages qu'auront obtenus les différents ouvrages, ainsi que du nombre des scrutins qui auront eu lieu.

Jugement définitif.

Art. 27.

A une heure de l'après-midi, le même jour, l'Académie des Beaux-Arts s'assemble dans le même local.

Art. 28.

L'assemblée formée, le secrétaire perpétuel fait lecture du procès-verbal de la séance du jugement préparatoire, lequel contient le résultat et les motifs de ce jugement.

ART. 29.

Ensuite, deux des membres de l'Académie, qui n'aient pas, autant que possible, d'élèves parmi les concurrents, et qui soient autres que les deux commissaires du jugement préparatoire, suivant qu'il sera possible, sont désignés par le président pour faire un rapport sur la question de savoir si toutes les conditions du concours et du programme ont été fidèlement remplies par tous les concurrents, et si les ouvrages sont conformes aux esquisses.

ART. 30.

D'après ce rapport, l'Académie décide si tous les concurrents sont maintenus au concours, ou si quelqu'un en sera exclu.

ART. 31.

En conséquence de la décision prise par l'Académie, le président invite l'assemblée à voter immédiatement. Les formes observées lors du jugement préparatoire, art. 23, sont exactement suivies pour les opérations de ce jugement; ce qui a lieu par la voie du scrutin individuel, et jusqu'à ce qu'il s'ensuive une majorité absolue des suffrages, sans recours au ballottage, et en posant ainsi la première question : *A quel numéro doit être accordé le premier grand prix ?*

6.

ART. 32.

Dès que le premier prix est décerné, l'agent de l'École met, sur les ouvrages dont les auteurs ont pu obtenir un second prix dans les précédents concours, un signe propre à les faire reconnaître.

ART. 33.

Le président consulte ensuite de la même manière l'Académie, pour savoir s'il y a lieu à décerner un second grand prix.

S'il est fait la proposition d'accorder, soit un deuxième second grand prix, soit quelque mention honorable, l'Académie délibère sur ces propositions dans les mêmes formes et par les mêmes procédés de scrutin.

ART. 34.

Les noms des concurrents qui obtiennent les prix ou les mentions sont proclamés après chaque jugement.

CONCOURS DE GRAVURE EN TAILLE-DOUCE.

ARTICLE PREMIER.

Il y a tous les deux ans un concours pour le grand prix de gravure en taille-douce ; il est précédé d'un concours d'essai.

L'époque de l'ouverture de ce concours est invariablement fixée au troisième lundi d'avril.

Art. 2.

Tous ceux qui se présentent au concours pour le grand prix de gravure en taille-douce doivent préalablement déposer chez le secrétaire perpétuel de l'École une épreuve d'une ou de plusieurs planches qu'ils auront gravées au burin ou à l'eau-forte, soit d'après un dessin, soit d'après un tableau. Ces épreuves porteront le certificat du maître sous lequel chacun des concurrents aura étudié.

Art. 3.

Ils y joindront une déclaration signée d'eux, attestant que lesdites gravures sont faites par eux dans leur totalité. Il leur sera délivré de ces pièces un reçu détaillé, et ils seront immédiatement admis au nombre des concurrents pour le concours d'essai.

Tout concurrent qui ferait une fausse déclaration serait mis hors de concours.

Concours d'essai.

Art. 4.

Le concours d'essai se compose de deux épreuves.

Le jour indiqué, à huit heures du matin, les concurrents, réunis dans la salle du modèle,

tirent au sort pour établir leur rang. Il en est
fait une liste, d'après laquelle chaque concurrent, sur l'appel qui se fait, choisit sa place
pour dessiner une figure, d'après le modèle
vivant posé par un membre de la section de
gravure ou de peinture de l'Académie, désigné huit jours d'avance.

Art. 5.

Cinq jours sont accordés, à cinq heures de
travail chacun, non compris le repos du modèle, pour dessiner, sur papier blanc, cette
figure, qui aura 5o centimètres de proportion.

Art. 6.

Le lundi suivant, à huit heures du matin,
les concurrents se réunissent à l'École pour y
dessiner, sur papier blanc, une figure d'après
l'antique, placée par le membre de l'Académie désigné plus haut.

Art. 7.

L'appel pour le choix des places se fera d'a-
près la liste ci-dessus mentionnée, mais cette
fois en commençant par le dernier et poursui-
vant jusqu'au premier.

Art. 8.

Cinq jours sont accordés pour exécuter ce
second dessin, depuis huit heures du matin
jusqu'à deux heures de l'après-midi.

Art. 9.

Il y aura, de dix heures à midi, une exposition publique des deux dessins, en y joignant les gravures exécutées par les concurrents.

Jugement du concours d'essai.

Art. 10.

Le samedi de la même semaine, la section de gravure, à laquelle auront été adjoints par la voie du scrutin trois membres pris dans la section de peinture de l'Académie, s'assemble à une heure, sous la présidence de son bureau, dans le local de l'École où sont exposés les dessins des concurrents d'après le modèle vivant et d'après l'antique, ainsi que leurs estampes comprises dans l'exposition publique.

Art. 11.

Le président consulte la section sur la question de savoir s'il y a lieu d'admettre les concurrents au concours définitif. Les membres du bureau prennent part à toutes les discussions; mais la voix délibérative n'appartient qu'aux membres de la section de gravure et aux trois membres de celle de peinture adjoints par l'Académie.

Art. 12.

Le nombre des concurrents admis au concours définitif sera de huit au plus.

Concours définitif.

ART. 13.

Ceux des concurrents qui auront été choisis comme il vient d'être dit se réuniront le lundi suivant, à l'effet d'exécuter un dessin d'après une figure antique, choisie et placée par le membre de l'Académie mentionné plus haut.

ART. 14.

Pour le choix des places, ils suivront le rang qui leur aura été assigné par le jugement du concours d'essai.

ART. 15.

Chaque dessin est fait sur papier blanc de la dimension indiquée à l'art. 5, tendu soit sur châssis, soit sur carton. Quand le dessin est terminé, il y est apposé le timbre de l'Académie par le membre désigné plus haut.

ART. 16.

Il est accordé six jours, à cinq heures de travail chaque jour, pour l'exécution de ce dessin.

ART. 17.

Le lundi suivant, les concurrents se rendent à huit heures du matin à l'École, où ils trouvent un modèle vivant posé par le membre de l'Académie.

Le même ordre pour le choix des places que celui qui est fixé à l'art. 14 a lieu dans cette nouvelle épreuve.

Les ouvrages des élèves seront faits sur papier blanc, de la dimension qui est indiquée pour les dessins du concours d'essai.

ART. 18.

Il est de même accordé six jours pour faire ce dessin, à cinq heures de travail, non compris le repos du modèle, posé à huit heures du matin.

ART. 19.

Le dessin devra être scellé dans son cadre, aux quatre coins, du sceau de l'Académie, en présence du membre de l'Académie déjà désigné.

La planche de métal portera une estampille, qui sera posée par le même membre.

ART. 20.

Au jour indiqué, les concurrents entrent en loge pour graver la figure que chacun aura dessinée d'après le modèle vivant, et qu'ils réduiront à la proportion de 32 centimètres.

ART. 21.

Pour le choix des loges, ils suivent le rang déterminé par le jugement du concours d'essai. Ils restent en loge quatre-vingt-dix jours, y compris celui où ils sont entrés.

ART. 22.

Aucun concurrent ne peut emporter sa planche, qui reste constamment déposée dans la loge. L'impression des épreuves d'essai se fera dans l'établissement même, en présence d'un surveillant. Cette opération pourra être renouvelée jusqu'à cinq fois pendant la durée du concours. Ces épreuves devront toujours rester dans la loge, et être représentées à la première sommation. Elles seront numérotées, et ne pourront être morcelées.

Les concurrents ne pourront faire, dans leur loge, d'épreuve totale ou partielle de leur planche, par quelque procédé que ce soit.

Exposition publique.

ART. 23.

Il y aura une exposition des ouvrages des concurrents. Cette exposition se composera du dessin d'après l'antique, du dessin d'après nature, et d'une épreuve de la planche, réunis.

Cette épreuve devra être exempte de retouches; et pour qu'il en soit ainsi, elle sera remise immédiatement après l'impression au secrétaire de l'École, qui la fera placer dans un cadre scellé.

Toute contravention aux dispositions du règlement sera déférée à l'Académie et pourra motiver la mise hors du concours.

Jugement préparatoire.

ART. 24.

Le jour indiqué, à onze heures du matin, la section de gravure, et les trois membres pris dans la section de peinture, s'assemblent, conjointement avec les membres du bureau de l'Académie, et sous sa présidence, dans le lieu d'exposition des ouvrages des concurrents.

ART. 25.

Deux commissaires sont nommés pour vérifier si toutes les conditions requises ont été observées par les concurrents. Ces commissaires devront, autant que possible, être pris parmi les membres de la section qui n'auront pas d'élèves au concours.

ART. 26.

Sur le rapport de ces commissaires, la section propose d'exclure du concours ou d'y maintenir les concurrents, selon que les ouvrages donnent lieu à quelque reproche de contravention, ou bien en sont exempts.

ART. 27.

La section décide ensuite, par la voie du scrutin individuel, et jusqu'à ce qu'il s'ensuive une majorité absolue, sans recours au ballottage, à quel numéro doit être accordé le premier grand prix.

ART. 28.

Le concours est jugé absolument dans les mêmes formes que celles qui sont prescrites aux art. 10, 19 et 51 des règlements pour les concours de peinture historique.

ART. 29.

Si, en conséquence de ce scrutin, la majorité absolue des suffrages est acquise à l'un des ouvrages du concours, la section procédera ensuite dans les mêmes formes pour adjuger un second grand prix.

ART. 30.

Lorsqu'il y aura lieu d'accorder un deuxième second grand prix ou des mentions honorables, cette proposition sera mise aux voix et décidée de la même manière, à la majorité des suffrages.

ART. 31.

L'opinion de la section sur le mérite absolu ou relatif des ouvrages est recueillie et sommairement motivée dans un procès-verbal signé du président et du secrétaire perpétuel. Il sera fait mention du nombre de voix obtenues par les divers ouvrages, et de celui des scrutins qui auront eu lieu.

Jugement définitif.

ART. 32.

A une heure de l'après-midi, le même jour, l'Académie des Beaux-Arts s'assemble dans le même local.

ART. 33.

L'assemblée formée, le secrétaire perpétuel fait lecture du procès-verbal de la séance du jugement préparatoire, lequel contient le résultat et les motifs de ce jugement.

ART. 34.

Ensuite le président désigne deux des membres de l'Académie, qui n'aient pas, autant que possible, d'élèves parmi les concurrents, et qui soient autres que les deux premiers, pour faire un rapport sur la question de savoir si toutes les conditions du concours et du programme ont été fidèlement remplies par tous les concurrents.

ART. 35.

En conséquence de la décision prise par l'Académie, le président invite l'assemblée à voter immédiatement. Les formes observées lors du jugement préparatoire, art. 27, sont exactement suivies pour les opérations de ce jugement; ce qui a lieu par la voie du scrutin individuel, et jusqu'à ce qu'il s'ensuive une

majorité absolue des suffrages, sans recours
au ballottage, en en posant ainsi la question :
*A quel numéro doit être accordé le premier
grand prix ?*

ART. 36.

Dans le cas où l'Académie n'aurait pas décerné le premier grand prix, ce premier grand
prix est tenu en réserve pour les concours
suivants, s'il y a lieu.

ART. 37.

Dès que le premier prix a été décerné, l'a-
gent de l'École place, sur les ouvrages dont les
auteurs auront pu obtenir un second prix
dans les précédents concours, un signe propre à les faire reconnaître.

ART. 38.

L'Académie est ensuite invitée par le président à voter sur le second grand prix; ce
qui a lieu de la même manière que pour le
premier.

S'il est fait la proposition d'accorder, soit
un deuxième second grand prix, soit quelque
mention honorable, l'Académie délibère sur
ces propositions dans les mêmes formes de
scrutin.

ART. 39.

Les noms des concurrents qui obtiennent

les prix ou les mentions sont proclamés après chaque jugement.

CONCOURS DE GRAVURE EN MÉDAILLES ET PIERRES FINES.

ARTICLE PREMIER.

Il y a tous les quatre ans un concours pour le grand prix de gravure en médailles et en pierres fines.

L'époque de ce concours est invariablement fixée au deuxième jeudi d'avril.

ART. 2.

Tous ceux qui veulent concourir pour ce grand prix sont tenus de déposer au secrétariat de l'École, avant le jour indiqué pour ce concours, quelques ouvrages de gravure en médailles et en pierres fines, qui témoignent de leur capacité dans l'un et l'autre genre, et qui soient accompagnés du certificat d'un maître.

ART. 3.

Ils y joindront une déclaration signée d'eux, attestant que lesdits ouvrages sont faits par eux dans leur totalité. Il leur est délivré de ces pièces un reçu détaillé, et ils sont inscrits immédiatement au nombre des concurrents pour le premier concours d'essai. Quiconque fera une fausse déclaration sera mis hors de concours.

Ce concours est précédé de deux concours d'essai.

Premier concours d'essai.

ART. 4.

Le jour indiqué pour le concours, les concurrents font une esquisse modelée en terre sur un sujet pris dans la mythologie, ou dans l'histoire ancienne, sacrée ou profane. Ce sujet est donné par la section de gravure de l'Académie, à laquelle auront été adjoints trois membres de celle de sculpture.

Le choix du programme se fait suivant le mode déterminé pour le concours de sculpture, art. 2 et 38. Cette esquisse aura pour mesure 32 centimètres sur 41 centimètres, et devra être terminée dans le jour. Toute communication avec le dehors est interdite, dès que la dictée du programme a eu lieu. Aucun objet, d'une nature quelconque, ne peut être introduit dans le lieu du concours. Les concurrents prendront à cet égard les précautions qu'ils jugeront nécessaires.

ART. 5.

Les encadrements et les bases doivent être placés à angle droit sur la surface donnée. Dans tous les concours, les élèves sont tenus d'employer la même espèce de terre, la terre

commune, sous peine de mise hors du concours.

ART. 6.

Le programme est dicté aux concurrents
par le secrétaire perpétuel de l'Académie, qui
doit être assisté d'un membre de la section de
sculpture ou de gravure, n'ayant pas, autant
que possible, d'élèves au nombre des concurrents.

ART. 7.

Les concurrents mettent leur nom au revers de leur esquisse.

ART. 8.

Le soir même, après le départ de tous les
élèves, les esquisses sont timbrées par un membre de l'Académie désigné huit jours d'avance,
et assisté du secrétaire perpétuel de l'École.

ART. 9.

Avant le jugement, ces esquisses, ainsi que
les ouvrages déposés au secrétariat, sont exposées publiquement, pendant deux heures,
dans une salle de l'École.

Jugement du premier concours d'essai.

ART. 10.

Au jour indiqué, la section de gravure, assistée d'autant de membres de celle de sculpture qu'il a été dit plus haut, art. 4, s'assemble à une heure de l'après-midi, avec les membres du bureau de l'Académie, dans la salle d'exposition, où sont exposées les esquisses, ainsi que les ouvrages déposés, qui ont fait partie de l'exposition publique.

ART. 11.

Les membres du bureau prennent part à toutes les discussions; mais ils n'ont voix délibérative qu'autant qu'ils appartiennent à la section de gravure ou font partie des trois membres de la section de sculpture adjoints par l'Académie.

ART. 12.

Il est ensuite fait choix, par la voie du scrutin, et à la majorité absolue des suffrages, du nombre d'esquisses dont les auteurs doivent être admis au second concours d'essai.

Ce nombre ne pourra excéder douze.

ART. 13.

Les esquisses admises par ce premier jugement sont déposées au secrétariat de l'École, pour être produites, lors du jugement du second concours d'essai, dont elles font essentiellement partie.

Art. 14.

Immédiatement après le jugement, les noms des élèves admis au second concours d'essai sont affichés dans l'École.

Second concours d'essai.

Art. 15.

Les concurrents admis au second concours d'essai se rendent, au jour indiqué, dans la salle du modèle, pour y exécuter sur un fond de 64 centimètres sur 50 centimètres, une figure de la grandeur de ce fond, d'après le modèle vivant posé par le membre de l'Académie désigné plus haut, art. 8.

Les encadrements et les bases doivent être placés à angle droit sur le fond.

Le rang pour le choix des places est déterminé par l'ordre dans lequel les concurrents ont été admis par le précédent jugement.

Art. 16.

Il est accordé pour ce concours d'essai quatre jours, à six heures de travail par jour, non compris les repos du modèle.

Art. 17.

Lorsque ce concours est terminé, après le départ de tous les élèves, les figures sont timbrées par le membre de l'Académie, en présence du secrétaire perpétuel de l'École.

ART. 18.

Avant le jugement, les figures sont exposées publiquement pendant deux heures dans une salle de l'École. Ces figures sont placées suivant l'ordre d'admission des esquisses.

Jugement du second concours d'essai.

ART. 19.

Au jour indiqué, il est procédé, selon les formes prescrites aux articles 10 et 11, au choix des concurrents qui doivent être admis au concours définitif. Les esquisses du premier concours d'essai doivent être réunies aux figures.

ART. 20.

Le nombre des concurrents aux grands prix ne doit pas excéder six.

ART. 21.

Immédiatement après le jugement, les noms des élèves admis au concours définitif sont affichés dans l'École, ainsi que la désignation du jour fixé pour ce concours.

ART. 22.

Les concurrents entrent en loge le jour qui leur est indiqué.

Le choix des loges se fait suivant l'ordre de réception des figures.

Concours définitif.

Art. 23.

Le matin du jour choisi pour ce concours, à sept heures, la section de gravure, à laquelle ont été adjoints trois membres de celle de sculpture, comme il a été dit plus haut, s'assemble sous la présidence du bureau de l'Académie, pour rédiger le programme d'un sujet, qui devra être modelé en terre, puis gravé, soit sur acier, soit sur pierre fine. La section déterminera en même temps de quelle manière sera exécuté ce sujet, soit sur acier, soit sur pierre fine, en creux ou en relief.

Le choix du programme se fait suivant le mode déterminé pour le concours de sculpture, art. 40, 41, 42, 43.

Art. 24.

Le sujet est porté aux concurrents en loge par le secrétaire perpétuel de l'Académie, accompagné de deux commissaires, n'ayant pas, autant que possible, d'élèves au concours, et copie du programme est donnée à chacun des concurrents.

Art. 25.

Ce programme doit être remis aux concurrents à neuf heures du matin au plus tard.

Art. 26.

Les concurrents ont la journée pour faire l'esquisse du sujet donné. Cette esquisse doit être exécutée en terre, sur un fond de 32 centimètres dans sa plus grande largeur.

Art. 27.

Pendant cette journée, aucun des concurrents ne doit ni sortir de sa loge, ni communiquer avec qui que ce soit du dehors, sous peine de mise hors du concours.

Art. 28.

Après le départ de tous les élèves, les esquisses sont reçues par le membre de l'Académie, et timbrées par lui du sceau de l'Académie, en présence du secrétaire perpétuel de l'École.

Art. 29.

Ces esquisses, moulées immédiatement, sont numérotées sur la plinthe par les concurrents, selon l'ordre de leur réception, en présence de l'agent de l'École.

Art. 30.

Les esquisses enfermées sous le scellé sont confiées à la garde du secrétaire de l'École et sous sa responsabilité, pour être reproduites

par lui lors de l'exposition publique du concours.

ART. 31.

D'après cette esquisse, à laquelle ils sont
tenus de se conformer rigoureusement, les
concurrents exécutent en terre et de bas-relief
le sujet du programme, sur un fond de 80 centimètres dans sa plus grande dimension, et
dans la grandeur même de ce fond.

ART. 32.

Chaque concurrent est tenu d'exécuter le
même sujet, soit sur acier, soit sur pierre fine,
soit en creux, soit en relief, ainsi que l'aura
déterminé la section constituée comme il a été
dit ci-dessus, aux art. 4 et 10.

ART. 33.

Il est, en outre, donné aux concurrents une
empreinte en relief d'une tête antique gravée,
soit sur pierre fine, soit en médaille, et chacun est tenu d'en faire la copie en creux, si
c'est en pierre fine, et soit en creux, soit en
relief, si c'est sur acier, ainsi que l'aura déterminé d'avance la section.

ART. 34.

Il est entendu que chaque concurrent devra
graver cette tête en pierre fine, si le sujet du

programme s'exécute sur acier, et sur acier, si c'est en pierre fine que ce sujet s'exécute.

Art. 35.

Les concurrents ont quatre-vingt-seize jours de travail pour exécuter en loge ces différents ouvrages.

Art. 36.

Les concurrents ne peuvent introduire dans les loges que des plâtres moulés sur nature, ou des mannequins de femmes, pourvu qu'ils ne soient pas drapés hors des loges, et qu'ils soient d'une proportion différente de celle des figures du bas-relief.

Art. 37.

Les concurrents ne peuvent emporter hors de leur loge soit leur coin, soit leur pierre fine, qui doivent être fixés à l'établi sur lequel ils travaillent, et scellés du sceau de l'Académie, de manière à ne pouvoir en être séparés sans effraction.

Une tentative de séparation motiverait la mise hors de concours. Il en serait de même, si les concurrents essayaient d'emporter hors de loge une empreinte de leur ouvrage.

Toute contravention aux dispositions du règlement sera déférée à l'Académie et pourra motiver la mise hors du concours.

Exposition publique.

ART. 38.

Pour le placement des ouvrages et pour l'exposition publique, sont adoptées les mêmes dispositions que pour le concours de sculpture.

Jugement préparatoire.

ART. 39.

Le jour indiqué, la section de gravure, constituée comme il a été dit plus haut aux articles 4 et 10, s'assemble, à onze heures du matin, sous la présidence du bureau de l'Académie, dans la salle de l'École où sont exposés les ouvrages des concurrents.

ART. 40.

Deux commissaires, choisis, autant que possible, parmi les membres de la section qui n'ont pas d'élèves au concours, vérifient si tous les concurrents se sont conformés à leurs esquisses, ainsi qu'aux dimensions prescrites par le règlement.

ART. 41.

Sur le rapport de ces commissaires, la section, constituée comme il a été dit plus haut, propose d'exclure du concours, ou d'y maintenir les concurrents, suivant qu'ils auront observé le règlement, ou bien qu'ils y auront manqué.

ART. 42.

L'assemblée décide ensuite, par la voie du scrutin et à la majorité absolue des suffrages, à quel ouvrage elle décerne le premier grand prix. Elle procède de même pour le second prix.

ART. 43.

Le concours est jugé absolument dans les mêmes formes que celles qui sont prescrites aux articles 13, 27 et 67 des règlements pour les concours de sculpture.

ART. 44.

Si l'assemblée pense qu'il y a lieu à décerner un deuxième second grand prix, ou quelque mention honorable, elle décide ces questions par les mêmes formes de scrutin que pour les autres concours.

ART. 45.

L'opinion de la section sur le mérite des ouvrages est recueillie et motivée dans un procès-verbal signé du président et du secrétaire perpétuel de l'Académie. Le chiffre de la majorité sera consigné dans le procès-verbal, ainsi que le nombre des scrutins qui auront eu lieu.

Jugement définitif.

ART. 46.

A une heure de l'après-midi, le même jour, l'Académie s'assemble dans le même local.

ART. 47.

Lecture faite par le secrétaire perpétuel du procès-verbal de la séance du jugement préparatoire, le président charge deux commissaires, choisis, autant que possible, parmi les membres de la section qui n'ont pas d'élèves au concours, et autres que les deux premiers, d'examiner si les ouvrages sont conformes aux esquisses et aux dimensions prescrites par le règlement.

ART. 48.

D'après le rapport de ces commissaires, et à raison des observations auxquelles il peut donner lieu, l'Académie décide si tous les concurrents sont maintenus au concours ou si quelqu'un en sera exclu.

ART. 49.

L'Académie procède ensuite, par la voie du scrutin et à la majorité absolue des suffrages, sans recours au ballottage, au choix de l'ouvrage qui mérite le premier grand prix.

Il est procédé de même pour le jugement du second grand prix.

8.

S'il est fait la proposition d'accorder un deuxième second grand prix ou quelque mention honorable, et que cette proposition soit appuyée, l'Académie délibère sur ces propositions dans les mêmes formes de scrutin.

Art. 50.

Les noms des concurrents qui obtiennent les prix ou les mentions sont proclamés après chaque jugement.

CONCOURS DE COMPOSITION MUSICALE.

Article premier.

Le concours annuel pour le grand prix de composition musicale a lieu le premier samedi de mai.

Un avis inséré dans les feuilles publiques invite, un mois d'avance, tous ceux qui seront dans l'intention de concourir à se faire inscrire, à cet effet, au secrétariat de l'Institut, et à justifier qu'ils remplissent les conditions requises.

Art. 2.

Les concurrents qui auront satisfait à cette première obligation seront admis, en produisant un certificat d'un maître, constatant qu'ils ont suivi un cours d'études musicales qui rend apte à concourir pour les grands prix de musique.

Art. 3.

Au jour et à l'heure indiqués pour l'ouverture du concours d'essai, la section de musique, réunie aux membres du bureau de l'Académie, s'assemble dans une des salles du secrétariat de l'Institut.

Concours d'essai.

Art. 4.

Les élèves admis au concours d'essai composeront une fugue à quatre parties au moins, dont ils recevront le sujet au moment d'entrer en loge.

Chacun des membres de la section de musique devra fournir un sujet de fugue. Le sort désignera celui de ces sujets qui devra être traité par les concurrents.

Ceux-ci sont tenus de composer, en outre, un chœur à quatre voix au moins, pour les voix de soprano, contralto, ténor et basse; ce chœur sera avec accompagnement à grand orchestre.

Chaque membre présent propose un ou plusieurs sujets pris dans un texte poétique.

Les seuls membres de la section choisissent ensuite, par la voie du scrutin individuel et à la majorité absolue des suffrages, trois des sujets proposés.

Si l'un de ces trois sujets, soumis au scrutin, obtient l'unanimité des voix, il devient le sujet du concours. Dans le cas où cette unanimité ne pourrait être obtenue au premier tour de scrutin, ce serait le sort qui désignerait le sujet du chœur.

Art. 5.

Il sera accordé six jours entiers aux concurrents pour l'exécution des travaux qui leur sont demandés par l'article précédent. Il est bien entendu que les six jours entiers se passent en loge, sans que les concurrents puissent, sous aucun prétexte, avoir aucune communication avec le dehors.

Toute infraction aux dispositions du règlement sera déférée à l'Académie et pourra motiver la mise hors du concours.

Jugement du concours d'essai.

Art. 6.

Peu de jours après, la section de musique, réunie aux membres du bureau, s'assemble pour juger les ouvrages des concurrents et choisir ceux qui doivent être admis au concours définitif.

Les membres du bureau prennent part à toutes les discussions ; mais ils n'ont voix délibérative pour le jugement des ouvrages que s'ils font partie de la section.

Le jugement de la fugue et du chœur se fera simultanément dans une seule et même séance.

Le nombre des concurrents admis au concours définitif est de six au plus.

Concours définitif.

ART. 7.

§ 1. Il est ouvert tous les ans un concours de poésie, dont le sujet est une scène lyrique à trois personnages, à mettre en musique pour le concours de composition musicale. La veille du jour fixé pour l'ouverture de ce concours, les membres de la section de musique, réunis à ceux du bureau de l'Académie, procèdent à l'élimination des pièces de vers qui ne sont pas dans les conditions requises. Le jour même du concours, les mêmes membres s'assemblent de nouveau, pour choisir, entre les pièces réservées, celle qui paraîtra la plus propre à être mise en musique. Ce choix fait suivant les formes prescrites en pareil cas, au scrutin secret et à la majorité absolue des suffrages, les concurrents sont introduits, et il leur est donné lecture de la pièce de vers choisie, dont chacun d'eux prend copie, séance tenante. Après quoi ils sont conduits en loge par le secrétaire perpétuel de l'Académie, accompagné de deux membres de la section de musique désignés par le président.

§ 2. La scène lyrique devra être à trois voix, une de soprano, une de ténor et l'autre de basse. Elle comprendra un ou deux airs, un

duo et un trio, dont une partie devra, autant
que le sujet le comportera, être sans accompagnement, sans compter les récitatifs qui ser-
viront à lier entre elles ces diverses parties.

Art. 8.

La scène lyrique devra être précédée d'une
introduction instrumentale dont le caractère
sera conforme à celui du sujet.

Art. 9.

Les concurrents ont vingt-cinq jours pleins
pour effectuer leur travail, sans sortir de leurs
loges.

Jugement préparatoire.

Art. 10.

Au jour indiqué pour le jugement préparatoire, trois jours au plus avant celui de la séance
ordinaire (ce jour doit être un jour de séance
ordinaire de l'Académie), la section de musique, réunie aux membres du bureau, s'assemble sous sa présidence, dans une des salles de
l'École des Beaux-Arts; elle examine les parti-
tions des concurrents, et elle entend l'exécution de leur scène, qui a lieu par des chanteurs
admis par elle. Les concurrents doivent, autant que possible, accompagner eux-mêmes
leur scène au piano, et ils se retirent, chacun
après l'exécution de la sienne.

Cette opération terminée, le président pose

la question : *A quel numéro y a-t-il lieu à dé-cerner le premier grand prix?* Les membres du bureau prennent part à la discussion; mais ils n'ont voix délibérative que s'ils sont membres de la section.

La décision est rendue à la majorité absolue des suffrages, sans recours au ballottage.

ART. 11.

Si, en conséquence de ce scrutin, la majorité absolue des suffrages est acquise à l'un des ouvrages du concours, la section procède ensuite dans les mêmes formes pour adjuger un second grand prix, puis, s'il y a lieu, un deuxième second grand prix, et une ou plusieurs mentions honorables, tant que la majorité négative ne s'y opposera pas.

ART. 12.

L'opinion de la section sur le mérite absolu ou relatif des ouvrages est recueillie et sommairement motivée, dans un procès-verbal signé du président et du secrétaire perpétuel. Ce procès-verbal fera mention du nombre de voix acquis à chaque ouvrage et de celui des scrutins qui auront lieu.

Jugement définitif.

ART. 13.

La séance de l'Académie ouverte, et lecture faite par le secrétaire perpétuel du jugement de la section, qui jusque-là a dû être tenu secret, les chanteurs admis par elle exécutent, avec accompagnement de piano, la scène lyrique composée par les concurrents, dans l'ordre même de leur admission au concours définitif. Les concurrents devront, autant que possible, accompagner eux-mêmes leur scène; ils se retirent après l'exécution.

Art. 14.

Cette épreuve terminée, le président invite l'assemblée à voter immédiatement. Les formes observées pour le jugement préparatoire sont exactement suivies pour celui-ci, ce qui a lieu par la voie du scrutin individuel, et jusqu'à ce qu'il s'ensuive une majorité absolue des suffrages, sans recours au ballottage, et en posant ainsi la question : *A quel numéro doit être accordé le premier grand prix ?*

Art. 15.

Dans le cas où l'Académie n'aurait pas décerné le premier grand prix, ce premier grand prix est tenu en réserve pour le concours suivant, s'il y a lieu.

Art. 16.

Le président consulte ensuite de la même manière l'Académie, pour savoir à quel numéro sera donné le second grand prix, après

avoir fait connaître les numéros qui ont déjà
obtenu des seconds grands prix.

ART. 17.

S'il est fait la proposition d'accorder, soit
un deuxième second grand prix, soit quelque
mention honorable, et que cette proposition
soit appuyée, l'Académie décide ces questions en procédant dans les mêmes formes de
scrutin.

ART. 18.

Les noms des concurrents qui ont remporté
les prix ou mentions honorables sont proclamés au fur et à mesure des jugements.

ART. 19.

La scène lyrique qui a obtenu le premier
grand prix est exécutée dans la séance publique de l'Académie.

ART. 20.

S'il n'y a pas de premier grand prix décerné, la scène lyrique à laquelle aurait été
adjugé le second grand prix serait exécutée
dans la séance publique.

TABLE.